Collection
Polars réels
Dirigée par
Plana Radenovic

Moi, maman de Jonathann

9, rue de l'École-Polytechnique – 75005 Paris
www.michalon.fr
ISBN : 978-2-347-00206-0

Martine Henry
Avec la collaboration de Plana Radenovic

Moi, maman de Jonathann

Témoignage

Michalon Éditeur

Avant-propos

Une mère

La première fois que j'ai rencontré Martine, elle ne s'en souvient pas. C'était au premier jour du procès de son fils, un matin froid et humide de novembre 2020. Je devais couvrir ce procès ultra-médiatisé pour le *Journal du Dimanche* et j'étais enceinte de ma fille.

Quand j'ai aperçu, de loin, cette dame aux cheveux courts et au sourire éteint, dans un fauteuil roulant poussé par son avocate Ornella Spatafora, je l'ai reconnue. Elle fait partie des mères, ces femmes dont je suis désormais, qui aiment inconditionnellement et feraient n'importe quoi pour leurs enfants. Je ne dis pas que c'est une règle générale, je n'écris pas que toutes les mères vouent un amour inconditionnel à leurs enfants, je ne m'aventure pas du côté de l'instinct maternel. Ce que j'affirme, c'est que ce jour-là, j'ai envisagé cette mère comme une sœur.

À ce moment-là, en tant que femme, mais aussi en tant que journaliste, j'ai eu envie de lui parler. J'ai donc filé vers la silhouette imposante du pénaliste bisontin Randall Schwerdorffer pour le saluer. Spécialisée en police-justice, j'entretiens, c'est mon travail, des relations avec de nombreux avocats, et pour celui-là j'ai une tendresse particulière. Peut-être au départ par esprit de contradiction. Parce que ses mots malheureux pendant la garde à vue de Jonathann lui avaient attiré les foudres de la France des réseaux sociaux et des médias en général. Peut-être parce qu'il n'a rien à voir avec la façon dont il a été caricaturé.

Bref, ce matin-là, je me tiens grelottante devant ce fauteuil roulant, mais Martine, à qui

Randall vante mes prétendues qualités, ne me regarde pas. Ses yeux vagues sont déjà aux côtés de son fils, dans la salle d'audience. Je la comprends.

Bien plus tard, alors que ma fille était dans son troisième trimestre à l'intérieur de moi, j'ai reparlé de Martine – qui a le prénom de ma mère, et je ne crois pas aux coïncidences – à Randall. Je voulais tellement la rencontrer, entendre sa détresse légitime de maman. Détresse que je pense universelle. Dans une moindre mesure, on ne peut maîtriser l'évolution de son enfant, le développement de son jardin secret. Là, évidemment, c'est un cas extrême, découvrir que son fils est un meurtrier. Il reste son fils. Un adage courant mesure l'amitié, ou les liens familiaux, ainsi : « Si tu me dis que tu as tué quelqu'un, je t'aiderai à cacher le corps. » En substance. Martine, elle, n'a rien à voir avec le crime – mise à part la tragédie d'avoir enfanté le criminel – mais elle soutient Jonathann inconditionnellement. Elle l'aime. Pour elle, c'est « normal ». Rien de plus.

Randall intercède pour moi auprès de Martine, qui accepte rapidement de me rencontrer. Au départ je pense écrire un article pour le *JDD*. Mais la richesse de cette première journée passée dans sa maison de Velet, à deux pas de Gray et de la désormais célèbre maison de crépi rose aux volets bleus de la rue de Sonjour, me donne l'idée d'en faire un livre. C'est même le premier ouvrage de cette collection, « Polars réels », qui donne la parole aux acteurs des affaires criminelles : victimes, mis en cause, enquêteurs, magistrats, avocats.

Je suis heureuse d'entamer cette collection par un sujet qui dérange ; humaniser un « monstre ». Humaniser car évoquer Jonathann Daval par le prisme maternel le rapproche forcément de nous, nous, les « gens bien ».

De nos jours, l'homicide conjugal, et c'est une avancée sociétale, est puni plus sévèrement par la justice. L'avocat général Emmanuel Dupic avait requis à l'encontre de Jonathann Daval la perpétuité, assortie d'une période de sûreté. Le « féminicide » est aussi désormais jugé beaucoup plus sévèrement par la société, qui a bien compris, après l'entame du mouvement #MeToo en 2017, que la passion n'excusait jamais le crime. Au contraire, le lien conjugal est une circonstance aggravante du meurtre.

Oui mais voilà, pour qui étudie un peu le dossier, les épaules de Jonathann Daval sont trop étroites pour endosser le rôle social de symbole des auteurs de féminicide. Tout d'abord parce que la définition même du féminicide, tuer une femme parce qu'elle est une femme, ne colle pas à l'histoire de ce crime en particulier. Dans ce couple, aucune antériorité de violences conjugales, si ce n'est d'Alexia sur Jonathann, et surtout, aucune domination de Jonathann sur Alexia, c'était plutôt l'inverse.

Donc, aussi monstrueux que soit le crime, aussi immoraux que soient les trois mois de mensonges qui ont suivi, le statut de monstre absolu, symbole médiatique d'un combat certes fondamental, n'est pas applicable à Jonathann Daval.

Donner la parole à sa maman, c'est aussi tendre un pont entre lui dans son box, la tête entre les mains, et nous, qui regardons le feuilleton de sa vie confortablement installés dans notre canapé avec la distance propice au jugement. Jamais je n'aurais pu tuer, encore moins ma femme/mon mari. Oui, mais peut-on vraiment dire avec force : jamais mon fils/ma fille ne sera un criminel ? Qui peut l'affirmer sans aucun doute ? Martine Henry le dit à plusieurs reprises au cours de son récit : c'est vertigineux. Aucun de ses sept enfants n'est connu de la justice, et avant le meurtre le casier judiciaire de Jonathann Daval était vierge. Jusqu'à quel point une mère est-elle responsable de ses enfants ?

*

Au procès de Jonathann Daval, il y avait deux mères éplorées. La maman d'Alexia, Isabelle Fouillot, bien sûr, dont la détresse est encore plus forte ; elle ne pourra plus jamais serrer sa fille dans ses bras. Blonde, élancée, juchée sur des talons hauts et l'expression assurée, elle semblait écraser de sa lumière Martine Henry, l'autre maman. Comme son reflet dans un miroir inversé.

Assise dans son fauteuil roulant, muette dans la salle d'audience, Martine n'arrive pas à donner le change, elle ne sait pas. Son visage est marqué par les larmes. Certes, elle a la consolation – immense – que son fils soit encore vivant, lui. Mais quelque chose est mort en lui. L'innocence, la joie enfantine ; ses yeux ont changé, décrit-elle dans le récit qui va suivre. Une « ombre indélébile » hante son regard. Jamais il ne s'en remettra. Il avait dit lors de son procès : « Je n'ai plus d'avenir. » Quel est le présent de quelqu'un qui n'a plus d'avenir ? Vertigineux encore une fois.

Martine Henry se sent illégitime. Elle n'a pas la légitimité d'être du « bon » côté de la barre, celui que la morale valide, celui qui suscite la compassion. Face à Isabelle Fouillot et son mari Jean-Pierre, suivis par un essaim de caméras à chaque suspension d'audience, Martine reste silencieuse. Elle a parlé, un petit peu durant la procédure : au journal local *L'Est Républicain*, à l'émission de télévision *Sept à huit*. Mais mis à part ces exceptions (« mes journalistes », dit-elle affectueusement), elle a surtout subi la médiatisation à outrance de ce qu'il est désormais commun de nommer « l'affaire » Daval. Le nom de son fils et celui de son ex-mari est devenu celui d'une affaire criminelle surcommentée, tombée dans le domaine public. Ce livre est la première plongée exhaustive dans sa tête, elle qui commence à se rendre compte vraiment que la prison est pour elle un nouveau lieu de réunion familiale.

Cet ouvrage est le témoignage de Martine, brut, des mots que j'ai recueillis en réponse à mes questions. De par sa proximité avec le sujet, de par son statut de mère, il est des choses qu'elle ne dira jamais. Parce qu'elle n'a pas cette distance critique propice à l'analyse. La tragédie, l'horreur, Martine la vit de l'intérieur, ce n'est pas une commentatrice. C'est d'ailleurs, à mon sens, la grande force de son témoignage.

Martine ne dira jamais la « relation symbiotique », analysée par les experts, psychologues et psychiatres, qui l'a conduite à « surprotéger » son fils. Le petit Jonathann si calme, qui préférait jouer seul plutôt que de sortir. Sourd d'une oreille, dans sa bulle. Si doux. Le frêle adolescent qui, dans la cour, subit les moqueries de ses camarades ; une scoliose lui rendant le dos bossu l'oblige à porter un corset. À sa mère, il dit qu'il en a « marre ». Mais même ses plaintes semblent étouffées lorsque Martine les restitue. S'il n'y avait pas eu d'affaire Daval, jamais la relation entre Jonathann et sa mère n'aurait été disséquée. Jamais Martine ne se serait posé la question de savoir ce qu'elle a pu rater dans son éducation pour que son fils commette l'innommable. On aurait juste dit que ces deux-là, qui se voyaient en cachette d'Alexia – cette dernière n'appréciait pas sa belle-mère –, étaient peut-être un peu trop fusionnels. Peut-être que Jonathann ne parvenait pas véritablement à prendre sa place d'adulte. Mais le crime a été commis, et Martine a dû s'assoir dans la salle d'audience de la cour d'assises de Vesoul, et écouter des experts aux mots savants décortiquer et jeter la suspicion sur ce qui lui paraissait naturel, à elle.

Martine n'analysera pas non plus la dimension de « lutte des classes » qui est au cœur de « l'affaire Daval ». La famille « légitime », la famille Fouillot, celle vers qui Jonathann s'est tourné, celle qui –avant le drame, bien sûr – a réussi. C'est aussi l'un des ressorts du déséquilibre du couple Alexia-Jonathann, cette inégalité transpire de tout le dossier. Jonathann va voir Martine en cachette de sa femme, il laisse ses beaux-parents croire qu'il est assimilé, qu'il est devenu comme leur fils, reniant presque son ascendance. Des critiques relevées par Martine sur sa robe de chambre lorsqu'Alexia disparaît, sur ses cheveux un temps roses ressort, pour l'observateur extérieur, un jugement social. Alexia domine Jonathann aussi par sa position dans la société, parce qu'elle semble avoir l'assurance propre aux personnes bien nées, qui laissent la modestie aux gens de peu. C'est le sous-texte lorsque Martine décrit l'aversion de sa belle-fille pour les vacances au camping qu'elle lui propose. Lorsqu'elle confie ne pas avoir eu son mot à dire sur le costume de son fils au mariage. Comme si le bon goût n'était pas de son rang.

Jonathann n'était pas à sa juste place, comme ceux qu'on appelle les transfuges de classe. À tel point que certains ont énoncé lors du procès, comme une évidence, que si le couple battait de l'aile, Jonathann n'avait qu'à retourner chez sa mère. Alexia, elle, était chez elle. La maison de la rue de Sonjour était une maison de famille. C'est d'ailleurs dans un drap appartenant aux ancêtres Fouillot que Jonathann a transporté Alexia après l'avoir tuée. Il s'agit là d'une dimension essentielle de l'affaire Daval, que le témoignage de Martine met bien en lumière, à travers plusieurs exemples signifiants.

*

Lors des procès, en première instance et en appel, en 2017 et 2019, d'Abdelkader Merah pour « complicité d'assassinats » à la suite des crimes commis par son frère Mohamed en 2012, Éric Dupond-Moretti, alors encore avocat, avait créé le scandale en comparant les détresses de deux mères. Latifa Ibn Ziaten, mère d'une victime du terroriste, et Zoulikha Aziri, mère des frères Merah. Certains journalistes avaient même trouvé cela « indécent ».

En 2017, Me Dupond-Moretti avait déclaré : « Je pense qu'ici les larmes s'additionnent et qu'on ne peut pas les opposer. Son fils est un terroriste mais c'est son fils, et ce n'est pas injurieux que de le dire. C'est la formule de Camus : Entre la justice et son fils, elle a choisi son fils. » En 2019, Zoulikha Aziri avait elle-même répondu à Latifa Ibn Ziaten : « Moi aussi j'ai perdu un enfant. Tout le monde pleure, personne ne dort. » N'a-t-elle pas le droit d'être triste ? Ne mérite-t-elle pas un peu de compassion de la part de la société ?

Jonathann Daval n'est pas un terroriste. C'est un homme que l'on pourrait qualifier de « normal », qui a commis un acte immonde. Sauf à croire les mamans responsables de l'intégralité des faits et gestes de leurs enfants, durant toute leur vie, je pense que Martine Henry a le droit d'être entendue, écoutée, et même comprise. D'autant que, au fil de nos rencontres, j'ai appris à connaître cette femme pas si discrète, et désormais je peux l'affirmer : c'est une femme bien. Merci à elle de m'avoir fait confiance pour l'écouter, et restituer son témoignage.

Plana Radenovic

I.
Le procès

Nous avons failli ne pas pouvoir assister au procès, nous, les proches de Jonathann. Au départ, on nous avait dit qu'il n'y avait pas la place, à cause des restrictions imposées par le Covid. On était à la mi-novembre 2020, il faut se souvenir qu'à cette période-là, les restaurants étaient fermés, et il y avait le couvre-feu le soir.

Ne pas assister au procès de mon fils était impensable pour moi. J'ai envoyé une lettre au président Husson[1], et l'avocate Ornella Spatafora, qui représente Jonathann avec Randall Schwerdorffer, m'a appuyée en disant que ce n'était pas équitable. Qui aurait-il pu regarder ? Il n'y aurait eu que le clan Fouillot en face ? Heureusement, on a pu finalement être là. La justice nous l'a accordé.

1. Le président de la cour d'assises de la Haute-Saône, Matthieu Husson.

Je n'étais pas du tout préparée… Comment l'être ? J'avais déjà assisté à un procès, mais bien sûr ce n'était pas pareil. C'était celui des filles de mon ex-mari, le père de Jonathann. Quand ce dernier est décédé, leur maman s'est remariée. Et leur beau-père les a violées. Avec ma fille Aurore, on a dénoncé tout ça. Des coups, des hurlements… cette histoire était horrible. Les assistantes sociales de Vesoul s'étaient tout de suite mises en contact avec la gendarmerie. Le juge a dit que leur maman pouvait les reprendre, tandis que le beau-père est allé en prison tout de suite. Les filles avaient 14 et 18 ans. J'étais là au procès, pour les petites, pour leur donner du courage. Mais c'était loin de Jonathann. Et puis, elles, elles étaient « du bon côté de la barre », comme on dit.

À part ça, mon fils Yohann avait été juré à la cour d'assises sur une affaire de viol, il m'avait raconté son expérience. Mais quand on le vit, quand on est si proche de l'accusé, quand les médias de la France entière ont fait le déplacement, tout est différent et on ne sait plus rien. On est tout simplement perdu. Tous ce que vous connaissez, tous vos repères volent en éclats.

Lundi 16 novembre 2020

L'ouverture du procès, devant la cour d'assises de Vesoul (Haute-Saône), a été consacrée à l'examen des faits reprochés à Jonathann Daval. L'informaticien, qui avait alors 36 ans, risque la réclusion criminelle à perpétuité pour le meurtre de sa femme Alexia, dans la nuit du 27 au 28 octobre 2017. Une grande partie de ce premier jour a été dédiée à l'audition du gendarme directeur d'enquête. Jonathann Daval, qui à la suite de demandes de ses conseils a obtenu l'autorisation de s'exprimer sans masque en pleine période de Covid, a maintenu être l'unique auteur du meurtre de son épouse. Sa seule phrase de la journée.

Les avocats Gilles-Jean Portejoie et Caty Richard, qui représentent les parties civiles, sont déjà passés à l'offensive, soulevant deux points sensibles, au cœur de leur stratégie : l'empoisonnement supposé de la victime, pour lequel la magistrate en charge du dossier avait refusé des expertises supplémentaires, et son viol post-mortem prétendu, pour lequel aucune demande d'acte n'a été effectuée pendant l'instruction. En somme, aucune preuve n'avait été recueillie sur ces deux points.

*

Le lundi 16 novembre 2020, je me souviens que je n'étais pas dans mon élément du tout. Le mardi non plus. Deux jours avant, j'étais à l'hôpital, ils m'ont mise sous morphine. Jusqu'au dernier moment j'ai eu peur de ne pas pouvoir assister au procès de mon fils, de ne pas pouvoir le soutenir, être là pour lui. D'avoir une impossibilité physique. J'ai eu une hernie discale qui s'est déclarée début novembre, à quinze jours du procès. J'étais paralysée du bassin jusqu'aux pieds… Forcément, la psychologie y était pour quelque chose. Un jour, je me suis levée le matin, et pas moyen de bouger. Heureusement, j'ai une fille infirmière, elle m'a conseillé de passer une radio. Elle m'a emmenée chez un ostéopathe mais ça n'a pas servi à grand-chose.

Le dimanche 15 novembre, à la veille du procès, mon mari, Florent, et moi sommes allés dîner et dormir chez ma nièce. Elle m'avait invitée pour que je ne sois pas seule. Mais quand elle m'a vue dans cet état, elle a eu peur !

Le lundi 16 novembre, j'étais là, à Vesoul. Ornella Spatafora, l'une des avocates de Jonathann, poussait mon fauteuil roulant sur les pavés de cette jolie ville dont je n'ai vu que le sol. J'aime beaucoup Ornella ; elle est très humaine, elle a bien réussi à comprendre Jonathann, à gagner sa confiance.

Ce matin-là, je voulais être discrète, éviter les journalistes. Je n'ai parlé à personne, mais le fauteuil roulant, ce n'était pas vraiment l'idéal pour être incognito. Je ne pouvais pas empêcher les journalistes de me prendre en photo dans la rue, c'est leur droit, mais franchement, je m'en serais bien passée.

Les jours qui ont précédé le procès, j'avais trop de choses à faire. Je m'occupais de ma maman. Ma maman qui tombait du lit, qui devenait incontinente. J'ai réussi à la faire placer en maison de repos l'été suivant, en 2021. En attendant, il fallait que je m'en occupe, c'est comme ça, c'est normal. Mais j'étais épuisée, entre Jonathann et maman, sans compter mon travail d'assistante maternelle. Enfin, de toute manière, je n'avais pas le choix. Il fallait avancer. Je ne pouvais pas imaginer ne pas aller au procès de mon fils, c'est impensable pour une mère. En tout cas, c'est ma façon de penser à moi, je ne veux surtout pas donner de leçon aux autres mères. Chacun fait comme il le peut. Alors j'y suis allée, coûte que coûte et tant bien que mal. Puis, une fois que tout était fini, je suis allée faire une IRM, voir un chirurgien, faire des infiltrations. Je me suis occupée de ma santé.

Arrivée au procès, dans ce matin humide et glacial, en pleine période de Covid, je me plie aux formalités d'usage : je donne mon nom, Martine Henry, montre ma carte d'identité, on me fouille. Tout cela est normal, mais je ne suis pas là. Mon esprit est ailleurs, comme si j'étais dissociée. Je pense à Jonathann, à sa vie ratée, à Alexia bien sûr, à sa vie brisée. Quelle tragédie ! Encore aujourd'hui, c'est difficile pour moi de réaliser, de bien me rendre compte. Avant tout ça, nous avions une vie tranquille, normale, comme tout le monde. On a basculé dans autre chose, dans les affaires criminelles, ce qu'on voit à la télé. C'est vertigineux.

On me conduit dans une pièce fermée. Je suis avec d'autres personnes qui vont témoigner au procès. La question se posait de savoir si je pouvais assister à l'audience depuis l'ouverture des débats. Normalement, les témoins ne doivent pas entrer dans la salle avant d'intervenir, afin de ne pas influencer leurs propos. Mais moi, je voulais vraiment être là pour Jonathann. Je trouvais impensable, inimaginable d'être enfermée dans une pièce, dans le même tribunal que celui où mon fils joue sa vie, sans même pouvoir croiser son regard !

Heureusement, grâce au président Matthieu Husson, dont je tiens à souligner la grande humanité, ça a été accordé. Des policiers sont venus me chercher pour me conduire dans la salle d'audience. J'étais là pour l'appel des jurés. C'est-à-dire le tout début d'un procès d'assises. Ouf !

Mardi 17 novembre 2020

La deuxième journée du procès a été presque exclusivement consacrée à l'audition du Professeur Antoine Tracqui, médecin-légiste. Ce dernier a déposé à la barre plusieurs heures durant. La thèse brandie par les avocats des parties civiles après la clôture de l'instruction d'un supposé viol post-mortem a volé en éclats. Rien dans le dossier ne permet de le prouver.

Autre thèse soulevée par les parties civiles, questionnée cette fois au cours de l'enquête : l'empoisonnement présumé d'Alexia Daval par son mari. De nombreuses questions ont été posées en ce sens au légiste par les avocats de la famille Fouillot, Mes Portejoie et Richard. Sans que rien de probant ne soit révélé. Les doses de médicaments retrouvées dans le corps d'Alexia étaient infra-thérapeutiques, a répondu le Professeur Tracqui.

Il a aussi beaucoup été question de l'infertilité du couple, au cœur du crime : troubles de l'érection de Jonathann Daval et traitement de stimulation ovarienne pour Alexia Daval.

*

J'ai trouvé que Jonathann n'était pas dans son procès. Mais je sais que si je n'avais pas été là, il n'aurait pas du tout parlé. Avec mon mari, on était assis à la même place dans la salle d'audience, tous les deux, tous les jours. On arrivait toujours en avance. Il y avait aussi mes autres enfants, les frères et sœurs de Jonathann, son oncle ainsi que ses neveux et nièces, ses cousines. On voulait faire bloc, être présents pour lui.

Dans la famille, personne ne lui a tourné le dos. Évidemment, pas parce que nous cautionnions son acte, mais parce que nous estimions que derrière ce qu'il a fait, il restait notre Jonathann, celui que nous connaissions, que nous côtoyions, que nous aimions, depuis plus de trente ans. Un point, c'est tout.

Deux amies sont venues me soutenir aussi dans cette épreuve, dont une qu'on avait rencontrée en prison, quand Jonathann était incarcéré à Dijon, en détention provisoire avant son procès. Elle venait au parloir pour voir son chéri, on a sympathisé. Et je pense que mon histoire l'a touchée.

Assise dans la salle d'audience, je ne l'ai pas lâché. Je l'ai regardé tout le temps, j'étais fixée sur lui. Même si, le plus souvent, il avait la tête baissée, je sais qu'il sentait mon regard.

Globalement, tout au long des débats, j'étais gênée. Je ne suis pas quelqu'un qui aime s'étaler. Pour moi, la notion de vie privée, ça veut dire quelque chose. Quand il a été mis sur la place publique que mon fils était impuissant, je me suis dit que ça ne regardait pas la France entière. C'était vraiment très choquant pour moi. Quand Isabelle Fouillot a dit que mon fils n'était « pas un homme », tout cela devant tout le monde… Le procès était retransmis en direct partout : Internet, radios et télés. Même si on ne peut pas filmer ni enregistrer à l'intérieur d'une salle d'audience, c'était tout comme. Plusieurs journalistes rendaient compte de tout ce qu'il se disait en direct sur les réseaux sociaux. La caisse de résonance était énorme.

Mercredi 18 novembre 2020

Jonathann Daval ne s'est exprimé à son propre procès que ce mercredi, au troisième jour d'audience à partir de 19 h. Il avait seulement, le premier jour, décliné son identité et répondu « oui » au président qui lui demandait s'il confirmait être le seul auteur du meurtre d'Alexia Daval, dans la nuit du 27 au 28 octobre 2017.

Ce mercredi soir, son court interrogatoire a été interrompu par un malaise : l'accusé est devenu blanc dans son box, il a été évacué et l'audience a été suspendue prématurément. Avant, pendant une demi-heure, il avait présenté ses « excuses » à la famille d'Alexia, mot qu'il a lui-même jugé « inapproprié ». Puis il a livré une version sommaire de la soirée du drame, lorsque le couple est rentré d'une soirée raclette chez les Fouillot, ses beaux-parents. Il a repris en tous points sa dernière version, celle énoncée lors de la reconstitution de juin 2019 : il a frappé et étranglé sa femme à la suite d'une dispute liée à son refus de rapport sexuel à la base, puis il a chargé le corps dans son véhicule de fonction, avant d'y mettre le feu dans le bois d'Esmoulins. Encore une fois, l'infertilité du couple a été au cœur des débats.

Mercredi, le gendarme qui a conduit l'accusé à ses premiers aveux partiels, a minima, lors de sa garde à vue en janvier 2018, a témoigné à la barre ainsi que la famille proche de la victime.

Avec beaucoup d'émotion et de dignité, Jean-Pierre Fouillot puis sa femme, Isabelle, ont décrit leur fille « pétillante », et le couple « modèle » qu'elle formait avec leur ex-gendre. Un gendre qui avait alors pris une place de « fils », et c'est peut-être, soulève la Défense en s'appuyant sur les expertises psychologique et psychiatriques, l'un des ressorts du mensonge. Jonathann Daval avait « peur de décevoir » cette famille qui l'avait si bien accueilli. Stéphanie et Grégory

Gay, sœur et beau-frère d'Alexia Daval, ont livré à la Cour des dépositions plus offensives.

*

Jonathann, je le connais. Il ne faut pas le brusquer, sinon, il se referme comme une huître. Avant qu'il ne s'évanouisse, je sentais que le président l'interrogeait un peu trop vivement. Je sentais qu'il allait se passer quelque chose.

Avec ma famille et avec les avocats Randall Schwerdorffer et Ornella Spatafora, on s'était préparés au procès. Personnellement, je m'étais dit que Jonathann ne bougerait pas. Je ne m'attendais à rien de spécial de sa part, je savais qu'il allait être écrasé par tout ça. Lui, il voulait juste dire ce qu'il avait fait – le meurtre – et connaître sa peine. On savait d'autre part que la famille Fouillot allait nous accuser avec de mauvaises paroles qui resteront à jamais. Entendre des méchancetés comme on les a entendues, c'est très dur. Parfois, je ferme les yeux et je les entends encore.

Mais outre la nécessité de soutenir Jonathann, on était là pour entendre, voir ce qu'il se passait. Et moi, Isabelle et Jean-Pierre Fouillot, je les ai beaucoup plaints. Eux, ils ont perdu leur fille, ils ne la reverront jamais. Pour nous, même si rien ne sera plus comme avant, Jonathann est là. Alexia, elle, n'est plus là. En cela, ce n'est pas comparable, même si nous aussi sommes sidérés et dans une peine immense. Je veux dire aussi que j'ai beaucoup de peine pour Alexia. Quand je vois sa photo, dans les albums de famille, elle si jolie, si jeune, si souriante, j'ai les larmes qui me montent aux yeux. Elle ne méritait pas ça. Personne ne mérite ça.

Jeudi 19 novembre 2020

Enfin, à partir de 16 h, Jonathann Daval a pu s'exprimer longuement sur les faits. Il est revenu, exhorté par le président à livrer une version détaillée, sur la « dispute » qui a déclenché la déferlante de coups et l'étranglement d'Alexia. « Quand on étrangle quelqu'un comme ça, c'est pour donner la mort », a-t-il reconnu simplement.

Plus tôt dans la journée, trois experts, un psychologue et deux psychiatres, se sont succédé à la barre pour tenter de comprendre la personnalité de Jonathann Daval. Le psychologue a évoqué l'hypothèse d'un « traumatisme d'ordre sexuel », subi pendant la prime enfance, qui expliquerait notamment son comportement obsessionnel. Cela reste une hypothèse, infirmée par l'accusé, et dont personne n'a jamais entendu parler. L'expert formule cette possibilité car adolescent, Jonathann Daval souffrait de troubles obsessionnels compulsifs, et avait un besoin maladif de propreté.

*

Jour après jour, assise dans la salle d'audience, j'écoutais la justice décortiquer la vie, et la vie secrète, de mon fils. Il y a beaucoup de choses que j'ai apprises : même si nous étions très proches, Jonathann et moi, un fils ne dit pas tout à sa maman. Par exemple, pour le bébé, la fausse couche d'Alexia en 2015 qui a tant marqué Jonathann, je n'étais pas au courant avant le crime. Dans la famille, seuls mon fils Emeric et sa femme, Marie-Pierre, le savaient ; Jonathann s'était confié à eux. J'ai appris qu'Alexia l'avait mis dehors quand ils vivaient à Besançon, qu'elle avait rencontré un cuisinier. Mais finalement, rien ne s'était passé, ils étaient restés ensemble.

Je me suis rendu compte que mon fils, l'accusé dans le box, avait toujours cherché à me mettre de côté pour ne pas me faire de mal. Déjà, ça, ça a été un choc important. Un vertige. On croit connaître ceux qui nous sont les plus proches et en fait, ils ont parfois un immense jardin secret.

Lorsque Jonathann avait eu une côte cassée à la suite d'une altercation avec Alexia en 2016, il m'avait dit qu'il était tombé dans la baignoire. À l'époque, ça m'avait semblé bizarre, mais je l'avais cru. Comment imaginer la vérité? Parfois, la vérité est trop invraisemblable. Alexia, toute menue, toute blonde et mignonne, je ne la voyais pas du tout taper Jonathann.

Ma belle-fille Marie-Pierre m'a depuis raconté que Jonathann et Alexia étaient venus fêter la nouvelle année avec elle et Emeric. Jonathann avait mal, il avait demandé s'il pouvait aller s'allonger un peu. Eux savaient que c'était Alexia qui avait causé cette blessure.

Après avoir découvert tout cela, certains épisodes me sont revenus en mémoire. Comme le jour de leur déménagement rue de Sonjour, dans la maison de crépi rose aux volets bleus désormais tristement célèbre, filmée par les médias de la France entière. On montait les cartons et, évidemment, on ne se déchaussait pas pour emprunter l'escalier. Alexia n'a pas supporté ; elle a disputé Jonathann devant tout le monde. Ce jour-là, alors que Jonathann avait encore sa côté cassée, Alexia a insisté pour qu'il monte leur lit. Elle l'a forcé.

J'ai appris au tribunal que mon fils avait deux personnalités. En tout cas, ce sont les experts qui ont découvert ça. C'est très étrange pour une maman. Je me dis qu'il y a encore beaucoup de choses qu'on ne doit pas savoir.

C'est très bizarre d'être spectatrice d'une scène où l'on dissèque votre vie. L'expertise psychologique écrit : « Très immature, Jonathann Daval est passé d'une relation symbiotique à la mère à une dépendance affective envers ses beaux-parents et sa femme. » Mon fils, selon l'expert-psychiatre cette fois, me voit apparemment comme « assez costaud, assez dure », et « forte ». Bon.

Vendredi 20 novembre 2020

Le moment fort de cette encore une fois très dense journée d'audience a été l'échange entre Isabelle Fouillot à la barre et l'accusé dans son box, visiblement très ému. Tantôt douce tantôt brusque, la mère d'Alexia, qui considérait jadis son gendre comme son fils, a tenté de provoquer un sursaut de vérité de la part de Jonathann Daval. Ce dernier a répété ce qu'il dit depuis la reconstitution en juin 2019 : il a tué sa femme « pour qu'elle se taise », à la suite d'« une dispute ». Mais cette version ne convenait pas aux parties civiles, qui attendaient autre chose, peut-être davantage d'explications.

Frustrée, Isabelle Fouillot lui a sèchement souhaité « un bon séjour en prison ». Cette confrontation réelle faisait suite à une autre, diffusée dans la salle de la cour d'assises de Haute-Saône, où la mère de la victime avait suscité les aveux de l'informaticien en lui montrant une photo d'Alexia et de son chat Happy. Un moment très rare, inédit même, avait qualifié l'avocat Randall Schwerdorffer.

Divers témoins se sont succédé à la barre, dont Martine Henry, éclairant chacun les facettes de Daval, qui s'est décrit lui-même devant l'enquêteur de personnalité comme « timide, maniaque » ou « toujours souriant ».

*

J'ai très mal vécu l'audition d'Isabelle Fouillot, quand elle a dit à mon fils dans le box qu'il n'était, en somme, pas un homme et qu'il n'avait qu'à retourner chez sa mère. Je restitue, mais c'est comme ça que je l'ai ressenti. Jamais je n'irais dire des choses pareilles à l'une de mes belles-filles, à l'un de mes gendres. Il ne faut pas se mêler de la vie de ses enfants.

Au procès, c'était étrange parce que ça faisait deux clans : la famille d'Alexia, et notre famille.

Les Fouillot ne nous disaient pas bonjour, parce que c'est Jonathann qui a tué Alexia. Ils nous croyaient complices dans l'affaire. Pendant l'instruction était apparue cette thèse : après la mort d'Alexia dans la nuit du 27 au 28 octobre 2017, moi, soi-disant, je faisais le guet, Cédric, un autre de mes fils, aurait aidé Jonathann à transporter le corps. Et mon mari Florent, lui, aurait donné les cachets pour l'empoisonner. Oui, car cette thèse de l'empoisonnement d'Alexia a aussi été débattue au procès. Avancée par les parties civiles, elle a vite été écartée par la Cour. Comme si le meurtre ne suffisait pas, comme si ce n'était pas déjà assez horrible ! Je ne parle même pas de l'idée saugrenue du viol post-mortem… Lors de mon audition, j'ai dit devant la Cour, à l'adresse des parties civiles : « Vous avez l'esprit tordu pour penser ça. » Dans la salle, certaines personnes se sont mises à applaudir. Le président Husson a dû remettre de l'ordre.

Lors de mon audition à la barre, j'ai été chahutée par les avocats des parties civiles. Je me suis sentie traitée comme si j'étais, en quelque sorte, complice, comme si j'étais dans le box aux côtés de mon fils. Alors que, je n'irai pas jusqu'à dire que je suis victime, je ne veux pas me mettre sur le même plan que les parents d'Alexia, mais je subis la situation. Jonathann, je l'ai mis au monde et je l'ai élevé. Je l'aime. Mais c'est tout.

Une autre bizarrerie du dossier, peu évoquée par les médias. À qui profite le cambriolage de la maison de Jonathann et Alexia, opéré quelques jours avant la fouille programmée par le juge d'instruction le 5 mars 2019 ? Le moins que l'on puisse dire est que les objets subtilisés sont étrangement ciblés : outre les sex-toys appartenant à Alexia – l'un décrit comme « rose classique », le deuxième comme « des boules de geisha argentées » –, l'alliance d'Alexia, gravée du signe de l'infini et de l'inscription *Avec toi pour la vie*, un album de mariage et un caméscope contenant des vidéos du couple. En revanche, ni les trois bijoux de valeur dans la salle de bains, ni la télé, ni les grands crus n'ont semblé intéresser les cambrioleurs. A-t-on voulu préserver la mémoire de la victime ? L'enquête a été classée sans suite par le parquet de Vesoul, on ne saura jamais. Moi, ce que j'en dis, c'est que c'est vraiment bizarre… Et seules les parties ayant accès au dossier connaissaient la date de cette perquisition à l'avance. Il y a beaucoup de rumeurs là-dessus à Gray, que je ne veux pas reproduire ici justement parce que ce sont des rumeurs.

Samedi 21 novembre 2020

En ce sixième et dernier jour d'audience, devant une salle d'audience qui a fini par faire fi des règles sanitaires, pleine à craquer, la Cour et les jurés, après de très courtes délibérations – deux heures et demie – ont rendu leur décision.

Jonathann Daval a été condamné à vingt-cinq années de réclusion criminelle pour le meurtre de son épouse Alexia, dans la nuit du 27 au 28 octobre 2017 dans leur maison de Gray.

L'avocat général Emmanuel Dupic avait requis la perpétuité pour « les trois morts d'Alexia » : « l'agonie d'une femme mariée, la crémation de son corps, et l'accusation de la famille par Jonathann Daval ». Durant l'instruction, l'informaticien de 36 ans s'était perdu dans les méandres des mensonges, servant six versions différentes aux enquêteurs et aux juges.

En Défense, Randall Schwerdorffer s'est insurgé, dans une plaidoirie musclée, contre des réquisitions selon lui trop lourdes : « Vous ne jugez pas Guy Georges », a-t-il lancé aux jurés, réclamant une peine « juste », qui tienne compte des faits mais aussi de la personnalité de son client.

Jonathann Daval ne s'est, a-t-il dit à l'avocat général qui le questionnait, « jamais projeté au niveau de la peine ». Le jeune homme, qui avait soufflé « j'ai plus d'avenir » face à la Cour, avait assuré qu'il était « prêt à payer ». Il va donc être incarcéré, non plus dans une maison d'arrêt réservée aux prévenus, mais dans un établissement pour peines, puisqu'il est à présent condamné. La période de sûreté automatique est de la moitié de la peine prononcée, donc douze ans et demi ; il pourrait donc solliciter une libération conditionnelle dans un peu plus de neuf ans (puisque l'on retranche la durée de la détention provisoire). Autrement dit, Jonathann Daval pourrait reprendre une vie libre à l'horizon 2030.

*

Personne ne comprend ce qu'il s'est passé. Même après le procès, il reste des zones d'ombre. Est-ce que Jonathann sait quelque chose qu'il ne voudrait pas dire ? En tout cas, une fois que tout était fini, Randall Schwerdorffer m'a téléphoné pour savoir si Jonathann voulait faire appel. Je savais que non. Il n'aurait pas supporté de revivre une semaine comme on l'a vécue. Il était vidé. Il est retourné dans le confort du silence.

II.
La naissance

Moi, je suis une maman. Et j'adore ça. J'ai eu six enfants avec mon ex-mari, le père de Jonathann : dans l'ordre, Mickaël, né en 1974, Cédric (1976), Yohann (1977), Stéphanie (1978), Aurore (1981) et Jonathann, donc, le 16 janvier 1984. Avec Florent, nous avons eu Emeric en 1988. Nous avons aujourd'hui neuf petits-enfants et un arrière-petit-fils né le 7 septembre 2021.

Pour Jonathann, le moins que l'on puisse dire est que ce n'était pas simple. J'ai eu beaucoup de problèmes à la naissance ; on a failli y rester tous les deux. Jonathann est sorti de moi tout noir, le cordon autour du cou. Quant à moi, mon utérus a éclaté, j'ai fait une hémorragie. Je me suis réveillée dans mon lit, transfusée. J'avais une tension très faible, 8 ou 9 de mémoire.

Jonathann a été tout de suite placé en couveuse. Mais après, il allait bien. J'ai néanmoins été déçue de ne pas pouvoir l'allaiter, à cause de la transfusion.

Après Jonathann, normalement, je ne devais plus avoir d'autre bébé. C'est en tout cas ce que les médecins disaient. Finalement, Emeric est arrivé. J'ai été très suivie, et j'ai accouché par césarienne d'urgence.

Si j'avais su que Jonathann et Alexia ne pouvaient pas avoir d'enfants… Souvent, je demandais à Jonathann quand ils allaient avoir un petit bébé. Il me répondait doucement : « Attends, maman, ça va se faire. » Aujourd'hui, je regrette d'avoir ignoré cette souffrance-là. Ça a dû être très difficile pour eux. Et moi qui les questionnais, en plus…

Le papa de Jonathann ne s'occupait pas beaucoup des enfants. Il était ouvrier chez John Deer à Arc-les-Gray et, en dehors de son travail, il ne jurait que par la chasse. Il n'était pas souvent à la maison, mais moi, ça ne me dérangeait pas. Je travaillais à la Façade, un organisme de prise en charge des personnes âgées. Mes horaires étaient ceux de l'école, donc c'était plus facile avec les six enfants.

Nous n'avions pas vraiment de vie de couple avec mon ex-mari. J'ai rencontré Florent quand Jonathann avait 2 ans. Quand je l'ai connu, je lui ai très vite dit que j'avais six enfants. Vivre avec moi impliquait bien sûr de vivre avec eux, d'intégrer une famille nombreuse. Il n'y a eu aucun problème. Et avec le papa de Jonathann, la séparation s'est bien passée. Nous avons gardé contact pour les enfants ; il était là aux anniversaires, à Noël. Puis il est décédé quand Jonathann avait 12 ans ; lui avait 46 ans.

Jonathann n'était pas proche de son père. Après notre séparation, il était allé chez lui une seule fois. Son père s'était remis avec une femme, il avait eu deux filles. Sa nouvelle compagne avait déjà une fille de son côté. Ça faisait du monde. Jonathann me racontait toujours qu'un matin, il avait voulu se lever pour aller prendre son petit-déjeuner et qu'il s'était fait disputer pour cela. Il n'a plus jamais voulu y aller. Et il a toujours appelé Florent « papa ».

Enfant, Jonathann était sourd d'une oreille. On ne s'en est pas aperçus très tôt, je crois qu'on a compris alors qu'il avait déjà 4 ou 5 ans. Même plus tard, puisqu'il a redoublé le CP. Il était asthmatique, rempli de végétations. Après avoir été opéré, sa surdité allait mieux. Mais il s'était développé comme ça ; calme, timide, il était dans sa bulle. C'est devenu son caractère.

À l'école, nous n'avions que des bons rapports sur lui. Les maîtresses n'ont jamais eu rien à redire. C'était un très bon élève. Il avait des copains, des copines… Pas de problèmes, une vie de son âge. Simplement, sa différence avec les autres enfants, c'est qu'il était bien à la maison. Il aimait jouer, seul, dans la cour. Sortir n'était pas spécialement son truc.

Il est allé au collège de Gray, le même qu'a fréquenté Alexia un peu plus tard. C'est là que les choses ont été plus compliquées pour lui, avec l'adolescence. Il avait le dos bossu, une grosse scoliose. Vers ses 14 ans, il a dû mettre un corset, il devait le porter jour et nuit. C'était très difficile pour lui. Forcément, à cet âge-là, il a été la cible de moqueries. Le pauvre, il a dû le garder deux ans. Je l'ai entendu plus d'une fois dire qu'il en avait marre de le mettre. En prison, j'ai vu que ça revenait; Jonathann a une petite bosse.

Jeune, Jonathann a voulu faire du foot. Il n'a jamais pu, parce qu'il est asthmatique. Puis il s'est mis à fond dans la course à pied, il faisait des marathons. Il courait avec son frère Cédric, puis par la suite avec Alexia.

Il a toujours été passionné par l'informatique. Je pense qu'il a pris modèle sur son grand frère Cédric. Jonathann est un grand solitaire et il est très minutieux; il aime bien monter et remonter les appareils. Moi, je n'y comprends rien du tout. Après le bac, il a fait un BTS informatique au lycée Pergaud, à Besançon. Il est parti à l'internat. Il revenait à la maison tous les vendredis soir. Il travaillait en même temps chez Fourot, un magasin d'informatique à Gray. Il se débrouillait bien, ils l'ont embauché après.

*

Tous les enfants sont baptisés, ils ont fait leur communion. Pour Jonathann, c'était en mai 1997. Aujourd'hui, il est comme Florent et moi ; on ne pratique plus notre religion. J'étais croyante, mais je ne crois plus avec tout ce qui arrive. Comment Dieu aurait-il pu laisser faire ça ?

Je vais à l'église lorsqu'il faut y aller : aux mariages ou aux enterrements. D'ailleurs, j'ai de plus en plus de mal, ça me rappelle tous les décès. Alexia, c'est tragique. Elle était si jeune. Une infirmière m'a dit que notre destin était déjà tracé. J'ai du mal à la croire.

III.
La rencontre avec Alexia

Quand Jonathann a rencontré Alexia, elle devait avoir 17 ans, lui en avait à peine 21. C'était une très jolie fille, brune à ce moment-là, avec un sourire d'ange. Jonathann était invité à un week-end chez mon fils Yohann, qui vit dans le Haut-Doubs. Il y avait là une petite bande de copains de l'internat de Jonathann à Dijon. Alexia était là aussi, elle connaissait l'un des amis de Jonathann.

Au début, je crois que c'est elle qui a flashé. Un coup de foudre, a-t-elle dit. Alexia faisait trop de manières, je crois que ça énervait Jonathann.

Puis elle l'a invité à son anniversaire, chez elle, dans sa maison avec piscine. Elle l'a appelé dès le lendemain. Elle lui a fait du pied, ils se sont embrassés. Jonathann ne se voyait pas beau, il ne pensait pas que quelqu'un pouvait s'intéresser à lui. Il a été très surpris quand elle l'a embrassé.

Un jour, il nous l'a présentée. À ce moment-là, je me souviens avoir trouvé cette jeune fille super bien. Naturelle, polie, on voyait que Jonathann et elle étaient amoureux, heureux ensemble. C'était un joli couple, ils avaient l'air de bien s'entendre.

Mais une fois qu'elle s'est retrouvée à Besançon, en faculté de psychologie, c'était fini. Elle ne touchait plus terre, on était devenus pas assez bien pour elle, on le ressentait très fortement. Aurore, ma fille, leur avait trouvé un logement à Besançon, un petit appartement en HLM. C'est là où Jonathann et Alexia ont emménagé ensemble, en 2008. Ils se sont mariés longtemps après avoir entamé leur vie commune.

Quand ils ont quitté Besançon, ils sont allés habiter chez les parents d'Alexia, en 2013-2014. À partir de là, Alexia n'a plus voulu mettre les pieds chez nous. Nous, par rapport à elle et sa famille, nous sommes des petits. Elle ne s'est jamais gênée pour nous le dire, nous le faire ressentir. Moi, de mon côté, je n'ai jamais rien dit. J'ai laissé dire. Mais je voyais bien que Jonathann était heurté, je le voyais baisser la tête. Jamais il ne s'opposait à elle.

Quand ils ont loué la maison juste à côté de chez Isabelle et Jean-Pierre Fouillot, je ne les voyais plus. C'était très dur, on a fait avec. Je suis restée huit à dix mois sans voir Jonathann, sans aucune nouvelle. Pour une maman, c'est vraiment très difficile.

En quatorze ans, il y en a eu, des anicroches. En 2014, il s'est passé au moins un mois sans que je ne voie Jonathann, avant la fête des mères le 9 mai. Surtout, Alexia et lui ne sont pas venus fêter Noël avec nous. Alexia avait dit qu'on ne lui avait pas envoyé d'invitation.

Quand je me suis fait poser ma première prothèse, en 2015, Jonathann n'a pas eu le droit de venir me voir à l'hôpital.

Je me souviens d'une scène, c'était en septembre. Jonathann et Alexia étaient venus me voir. Je m'étais lancée dans la confection de pizzas. Jonathann n'arrivait pas à mettre le gaz, puis il l'avait laissé allumé. En blaguant, j'avais dit quelque chose comme « Il est quand même plus fort en informatique que pour s'occuper du gaz ! » Rien de bien méchant, je trouve. Alexia l'avait très mal pris. Elle avait dit à mon fils : « Doudou, on s'en va. Ta mère dit du mal de toi. » Ils sont partis par la porte située à l'arrière du jardin, sans que je ne les voie. Sans me dire au revoir. Ça m'a fait très mal au cœur. J'en ai pleuré. La scène peut paraître anodine, mais il y a tout ce que ça montre de leur relation de couple, de l'éloignement que ma belle-fille organisait entre Jonathann et notre famille.

Un été, au début où Jonathann et Alexia se fréquentaient, on était partis tous ensemble au camping à la ferme. Nous avons une caravane là-bas, c'est à Roquebrune-sur-Argens, dans le Var. On avait organisé des petites sorties, comme la visite d'un moulin où l'on fait de l'huile. On était allés voir des ânes et des cochons corses, tout ronds, tout frisés. Alexia n'a pas aimé du tout. Le camping, ce n'était pas pour elle. Moi, j'ai toujours été habituée à ce genre de vacances ;

petite, je partais avec mes parents, on dormait sous la tente. On allait souvent à l'île d'Oléron, c'est magnifique. Ce sont des souvenirs très colorés, vivaces.

Alexia ne venait chez nous que par complaisance, et très rarement. Le plus souvent, Jonathann venait seul. Elle avait un rejet de toute notre famille, on ressentait très fortement que nous n'étions pas assez bien pour elle. Elle n'aimait pas du tout ma fille Aurore, ni Stéphanie, allez savoir pourquoi.

Tout le mal que l'on me fait, je le note. J'ai retrouvé récemment, en fouillant dans des cartons, un petit carnet où j'avais écrit : « Alexia ne nous aime pas et sème la zizanie mais on s'en fout. »

C'est étrange de se remémorer tout cela maintenant qu'elle n'est plus. Quand quelqu'un meurt, on a tendance à ne retenir que le bon et le beau. Moi, je veux être juste, et réaliste. C'est mon caractère, un caractère entier. Alexia était quelqu'un de formidable, et ce qui est arrivé est une tragédie. Il n'empêche qu'elle n'était pas l'être parfait que ses parents ont voulu dépeindre dans les médias. Elle était humaine. Tout simplement.

IV.
Le mariage

Il a eu lieu le 18 juillet 2015. C'est Jonathann qui l'avait demandée en mariage, un peu tardivement car ils se sont rencontrés jeunes. Ils voulaient attendre d'avoir une situation stable. Lors de la demande en 2014, c'est bon ; Alexia est conseillère clientèle au Crédit Mutuel de Besançon.

Depuis le drame, le souvenir de ce jour a une saveur particulière, évidemment. On est revenus de nos vacances en camping dans le Sud, ce qu'on fait tous les ans, exprès pour être là. Certains ont dit, depuis que notre vie est devenue médiatique, qu'on aurait pu ne pas être présents. C'est une aberration, inadmissible ! Jamais je n'aurais loupé le mariage de mon enfant. Ça fait mal quand on vous accuse entre les lignes d'être une mauvaise mère.

Jonathann et Alexia nous avaient invités à manger avec eux avant la fête. Nous avons pris l'apéritif avec les Fouillot. La famille d'Alexia a eu un grand rôle dans le mariage. À l'inverse, je me suis sentie écartée. Je m'étais proposée pour les fleurs, la décoration… Je n'ai pas eu le droit. C'est pareil pour le choix du costume de mon fils. Au départ, je devais aller avec lui. Mais il y a eu du changement. Jonathann m'avait dit qu'il viendrait me chercher, mais il n'est jamais venu et on n'en a pas reparlé.

C'était superbe. Comme un conte de fées. Le mariage a eu lieu dans un château, il y avait un grand parc. Il y avait beaucoup de monde. Toute sa famille à elle. De notre côté, c'était plus restreint : mon frère, ma sœur, et une cousine. Il y avait aussi, bien sûr, des amis de Jonathann, son patron… Et nous avions invité au vin d'honneur des voisins du lotissement avec lesquels on s'entend bien.

Ils se sont dit oui à l'église et à la mairie. J'ai emmené Jonathann à l'autel. Je m'en souviendrai toujours, cela restera gravé dans ma mémoire. Il était très beau dans son costume original, noir avec des broderies. Il souriait. Et Alexia avait l'air si contente… Ils formaient un si beau couple, c'est si triste. Quand je repense à ce mariage, ça me paraît si irréel qu'il m'arrive de me demander si je l'ai vraiment vécu. Toute cette beauté, cette lumière, ce soleil… avant les ténèbres qui ont suivi, dans lesquelles nous sommes englués depuis le 28 octobre 2017. Si seulement Jonathann avait parlé avant, s'il s'était confié sur ses problèmes de couple… Peut-être aurions-nous pu stopper la mécanique infernale qui a conduit au crime. Enfin, ça ne sert à rien de se dire tout cela maintenant. C'est trop tard, les dés sont jetés. Elle ne reviendra plus.

*

En tant que maman, j'étais très émue au mariage. J'avais déjà marié mon fils Yohann avant Jonathann. C'était dans le Haut-Doubs, sur trois jours. Tout autre chose. Au mariage d'Alexia et Jonathann, il n'y a pas eu de discours, en tout cas, je ne m'en souviens pas. Il y avait un photographe jusqu'à tard dans la soirée. Les photos sont magnifiques. Tout était parfait, un mariage de catalogue. Le dîner était excellent, je ne sais plus ce que c'était mais c'était très fin.

On avait loué un gîte à huit kilomètres de la fête, avec toute la famille. Sauf mon fils Emeric et son ex-compagne Marie-Pierre, qui avaient dormi avec les mariés. C'est un bon souvenir. Jamais je n'aurais raté ça.

Quand j'ai demandé à ma belle-fille si elle pouvait me montrer son alliance, elle a refusé. Et elle m'a lancé, mi-figue mi-raisin, que maintenant qu'elle s'appelait Madame Daval, elle pouvait me dire ce qu'elle avait envie de me dire. C'était sur le ton de l'humour, mais il y avait, comme souvent, un fond de vérité.

Bien sûr, je n'avais pas beaucoup d'atomes crochus avec ma belle-fille. Mais à ce moment-là, je me disais que c'était secondaire. C'était le choix de Jonathann, ils s'aimaient, ça crevait les yeux. Lui était son Doudou, elle était sa Princesse. L'important était, selon moi, qu'ils soient heureux ensemble. Mon avis, je vais être crue, on s'en fout. C'est leur vie à eux.

Ils sont allés à l'île Maurice en voyage de noces. C'était beau, ils étaient si souriants sur les photos.

V.
Le crime et l'instruction

Jonathann n'est pas quelqu'un qui cause, c'est dommage. Il n'arrive pas à dire. Je ne pense pas qu'il aurait pu avouer plus tôt. Quand j'essayais d'en parler, il me disait : « Tu sais, maman, c'est moi le premier suspect, le mari, ils vont venir me chercher », je le bloquais. Je répétais : « C'est pas toi… » C'est après que je me suis remise en question. Qu'est-ce que j'ai fait, pas fait ? Qu'est-ce que j'ai loupé en tant que maman ? C'est vertigineux et je pense qu'on ne saura jamais.

Jonathann est passé à la maison le 28 octobre 2017. C'était un samedi matin, il était 9 h, 9 h 15. Je lui ai demandé s'il voulait boire un café. Il m'a répondu : « Non, je ne suis pas bien. » Il venait d'aller jeter ses déchets au compost. Il avait les yeux tout mouillés. Je voyais bien qu'il n'était pas comme d'habitude.

Il était fébrile. « Alexia est partie faire son jogging, ça m'inquiète, elle n'est toujours pas rentrée », me dit-il alors. Mon fils Cédric revenait de faire son footing lorsque Jonathann m'a rappelée : « Alexia n'est pas rentrée... On ne fera pas d'apéro. » Moi, j'étais encore en robe de chambre. J'étais sur le muret de la maison avec Cédric, on attendait. On a croisé Grégory Gay, le beau-frère de Jonathann, mari de la sœur d'Alexia, puis Jonathann qui la cherchaient. Ils sont allés voir à l'hôpital, à la gendarmerie.

De ce commencement, j'ai des souvenirs très précis.

Puis tout commence à s'accélérer pour prendre une dimension au-delà de tout ce que j'avais pu connaître ou imaginer. Ça commence à se brouiller dans ma mémoire. Les gendarmes, les médias, les chiens. Dans quel ordre ? Comment ? Pourquoi ? On a eu tout, tout de suite.

Si je me concentre, je peux dire que les gendarmes sont arrivés vers 13 h 10, l'hélicoptère a commencé à survoler la zone vers 15 ou 16 h.

On est tous restés devant chez Jonathann et Alexia, toute l'après-midi, devant leur maison de la rue de Sonjour, à attendre que les gendarmes fassent leur travail. À un moment, je me suis changée, je suis allée chez ma fille Stéphanie qui m'a prêté des vêtements, un jogging et une veste – elle habite dans la même rue. Avec tous ces bouleversements, cette attente, j'étais toujours en robe de chambre ! Ensuite, on s'est relayés pour rester avec Jonathann, qu'il ne soit pas seul avec, pour unique compagnie, l'absence.

Le lendemain, c'était dimanche. On a participé à la battue, on voulait tous retrouver Alexia. Ma fille Aurore et son mari sont partis avec un groupe au bois de Noiron, à quelques kilomètres. Avec eux, il y avait Emeric et Marie-Pierre, et Florent, mon mari, les a rejoints. Moi, j'ai sillonné Gray-la-Ville. Rien. On commençait vraiment à s'inquiéter, à penser à une issue tragique que nous n'évoquions pas à voix haute.

Le lundi, on a emmené Jonathann à l'Institut médico-légal. On ne parlait pas beaucoup. J'avais comme l'impression qu'un compte à rebours était enclenché, que le destin était en marche et je pressentais que plus rien ne serait jamais comme avant. Alexia avait été retrouvée. Son corps. Dans le bois d'Esmoulins. Partiellement brûlée. Quelle horreur.

Le temps s'est arrêté. Et en même temps, tout a semblé accélérer.

Le 2 novembre 2017, dans la foulée de l'identification du corps d'Alexia, il y a eu une conférence de presse à la mairie de Gray. Il y avait un monde ! C'était plein à craquer. Juste avant d'entrer dans l'arène, avec Florent, on était chez eux, chez les Fouillot. J'ai été extrêmement choquée d'entendre Isabelle Fouillot dire à Stéphanie Gay, la sœur d'Alexia, qu'il fallait qu'elles se fassent faire un brushing, car elles ne pouvaient pas y aller comme ça. Dans un moment pareil, penser à son apparence… ça me dépasse. Complètement. Ce n'est pas ma façon de voir les choses.

Le 5 novembre, il y a eu la marche blanche organisée à Gray en l'honneur d'Alexia. Huit mille personnes sont venues lui rendre hommage. J'y étais, bien sûr, même si toutes les télévisions ont filmé Jonathann entouré de Jean-Pierre et Isabelle Fouillot, ses beaux-parents. J'y étais, à une place en retrait, non exposée. On ne m'a pas vue, ou si peu. C'est mon caractère, c'est comme ça. Nous sommes des gens humbles, simples. La lumière médiatique, très peu pour nous.

Le texte que Jonathann a lu lui a été très reproché par la suite, car il disait qu'Alexia était son « oxygène » alors que la pauvre est morte étranglée. Mais Jonathann n'a pas écrit ce texte seul, ce n'est pas son truc. Lui, il n'arrive pas à dire ce qu'il veut, ce qu'il ressent vraiment. Donc c'est surtout mon gendre qui a rédigé. Il ne pouvait pas savoir.

Jonathann disait qu'Alexia avait dû faire une fugue, ou faire une mauvaise rencontre… Moi, j'aurais pu imaginer que quelqu'un serait passé et l'aurait emmenée, quelqu'un qu'elle connaissait. Mais jamais je n'aurais pensé que quelqu'un aurait pu la tuer ! C'est inimaginable une tragédie pareille. Même quand on la vit.

*

C'est la famille Fouillot qui a trouvé l'avocat de Jonathann, Randall Schwerdorffer. C'est le meilleur du coin, un pénaliste très réputé. Randall, que je connais bien maintenant, est encore choqué lorsqu'il se remémore leur premier rendez-vous : Isabelle aurait mis la main sur la cuisse de Jonathann en lui ordonnant : « Tu ne dis rien, c'est moi qui parle. » Cette scène dit beaucoup de leur relation. Elle ne voulait absolument pas évoquer les problèmes de couple ; dès que Randall posait une question, elle coupait court.

Aux obsèques d'Alexia, organisées le 8 novembre 2017 à l'église de Gray, Jonathann était vraiment triste. On a beaucoup parlé par la suite de ses larmes de crocodile, mais Alexia lui manquait, c'est sûr. C'est très difficile à comprendre, mais je sais que c'est la vérité. Je connais mon fils. Ce jour-là, il faisait gris. Jonathann avait mis son costume de marié. Comme pour rejouer la scène, en sens inverse. La joie en tristesse et la promesse en absence. Encore une fois, il était collé à ses beaux-parents tout le temps. De telle sorte qu'il était difficile pour moi d'avoir accès à lui.

À la sortie de la cérémonie, j'ai réussi à coincer Jonathann pour le forcer à rester auprès de moi. Je lui ai dit : « Viens, on va dire au revoir à Alexia. » J'ai mis mes mains sur le cercueil, je l'ai embrassé. Il était debout à côté de moi, il semblait gêné. Je lui ai dit : « Fais-en autant. » Sur le coup, j'ai trouvé qu'il avait eu beaucoup de mal. Évidemment, j'ai compris après…

De l'affaire, on a tout appris par la télévision. Il suffisait de regarder BFM-TV. Que le corps avait été retrouvé, qu'il s'agissait d'Alexia… On l'a découvert à la télévision ! Je pense que ce n'est pas normal. De la même manière, quand une confrontation a été organisée entre Jonathann et les Fouillot, on l'a appris à la télévision.

Jonathann n'est pas sorti de sa maison pendant trois semaines. Nous, sa famille, on se relayait pour lui tenir compagnie. Moi, j'y allais souvent le matin, puis je restais pour déjeuner avec lui. Il regardait la télévision, et moi je lisais. J'aime bien lire, toutes sortes de choses. En ce moment, je lis beaucoup sur l'univers de la prison, pour comprendre. Jonathann parlait peu, presque pas. Quand je l'interrogeais, il se mettait à pleurer.

Il avait essayé de me le dire. Je n'arrête pas de penser à ce jour où il m'avait dit, comme pour me préparer : « Tu sais maman, je vais peut-être être placé en garde à vue. Je suis le mari, c'est moi le premier suspect. Il faut t'attendre à ce qu'ils m'emmènent. » Moi je le coupais toujours, je l'empêchais : « Non mais ce n'est pas possible. » Aujourd'hui, je pense qu'inconsciemment, je m'en doutais, mais que je n'ai pas voulu savoir. Je ne lui ai pas laissé de prise, de porte ouverte pour sortir de la spirale du mensonge dans laquelle il s'est enfermé pendant trois mois. Je sais qu'il a voulu aussi « parler de quelque chose » à Cédric et Emeric, mais ça n'avait rien donné.

Dans ma première interview, à *L'Est Républicain*[2], j'affirmais que ça ne pouvait pas être Jonathann le coupable. Il faut se mettre à ma place ; c'est inconcevable pour une mère de penser que son fils puisse être un meurtrier. Jonathann, si doux, si gentil, que je connais si bien… C'est vertigineux.

Et ce qui est fou, ce que j'ai encore du mal à m'expliquer aujourd'hui, c'est la capacité qu'a eue Jonathann à « tenir », campé sur ses mensonges si longtemps. Comment il n'a pas craqué. Je ne lui connaissais pas cette force.

Plus tard, ses avocats Randall Schwerdorffer et Ornella Spatafora m'ont révélé que même eux étaient persuadés au départ de l'innocence de Jonathann. Alors qu'ils ont l'habitude. Ils lui avaient conseillé de tenir face aux enquêteurs, de rester muet. Ils avaient peur que Jonathann soit tellement impressionné qu'il avoue un crime qu'il n'aurait pas commis.

*

2. *L'Est Républicain*, « Je l'ai cru mais je faisais en fonction de mon cœur de maman », 8 décembre 2018.

Durant l'enquête, j'ai fait l'objet de soupçons. Je n'ai pas été choquée, puisque je savais bien, moi, que je n'étais responsable de rien. Le scénario des parties civiles à un moment était que notre famille aurait aidé Jonathann à dissimuler le corps d'Alexia. L'histoire du cheveu, ça m'a fait légèrement rigoler. Fin novembre 2018, on apprend qu'un cheveu à moi, « bicolore », a été retrouvé dans la voiture de Jonathann. Et ça y est, Grégory Gay écrit à son avocat Gilles-Jean Portejoie pour que de nouveaux actes d'enquête soient menés. Selon lui, ça scellait notre complicité. Sauf que je suis sa maman, c'est normal qu'il y ait mes cheveux, mon ADN, dans son environnement. Rien de plus.

Qui n'aimait pas Jonathann ? Le médecin de famille me demande toujours des nouvelles. Et dès que je croise quelqu'un, il me demande : « Comment va Jonathann ? » Oui, même après tout ça. C'est difficile à concevoir quand on est extérieur, mais Jonathann, c'est quelqu'un de bien qui a commis l'horreur ; ça reste quelqu'un de bien, mais il a commis un meurtre. Je ne pensais pas dire ça un jour, mais c'est différent quand vous êtes touchée au plus proche. Je suis la maman d'un meurtrier. Même de le formuler de cette façon, c'est étrange.

*

Dès le début, lorsque Jonathann est allé signaler la disparition d'Alexia aux gendarmes la première fois, on était tous à la maison. Grégory Gay, lui, avait accompagné Jonathann, il l'attendait. Nous sommes allés l'attendre nous aussi devant la gendarmerie, avec Cédric et Marie-Pierre.

Jonathann est allé voir notre médecin, il a eu un rendez-vous tout de suite. C'est là que j'ai appris qu'ils avaient perdu un enfant, qu'Alexia, enceinte de trois mois, avait fait une fausse couche, en 2015. J'ai eu des enfants, des petits-enfants avant tout ça. J'étais à ce moment-là tellement perturbée par tout ce qu'il se passait que j'ai répondu : « Ce n'est pas grave. »

On se fait à la douleur, on se fait à tout ça. J'ai pleuré, bien avant ça.

*

J'étais au tribunal pour la confrontation entre Jonathann et sa belle-famille, le 7 décembre 2018. Jonathann voulait qu'on soit là, mais nous n'avions pas le droit de monter dans le bureau du juge. Ça ne me serait pas venu à l'idée d'y monter de toute façon. Je suis quelqu'un qui sait rester à sa place. Alors, avec Florent et Cédric, nous sommes restés en bas. J'ai tout appris sur le trottoir, avec deux journalistes. Il a fallu qu'ils me montrent sur leurs téléphones portables ; les journalistes avaient accès quasi en direct à ce qu'il se disait dans ce huis-clos. Les aveux de mon fils provoqués par sa belle-mère, qui était venue avec une photo du chat d'Alexia et Jonathann, Happy, auquel ils étaient très attachés.

On est allés dans une rue derrière le palais de Justice de Besançon. Je n'ai pas pu bouger. J'ai vu passer la voiture aux vitres teintées qui emmenait Jonathann, je n'ai pas pu croiser son regard. J'étais là, sur ce trottoir absurde, les bras ballants. J'étais là, une loque. Je suis allée boire un petit café avec les avocats Randall Schwerdorffer et Ornella Spatafora. Ces deux-là sont très humains, ils ont les mots dans des situations tragiques. Mais quand je suis arrivée devant chez moi, impossible d'entrer. Je ne pouvais pas, c'était physique. Alors j'ai appelé ma nièce, on est allés un bon moment chez eux. En attendant. Puis j'ai réussi à rentrer, à revenir ici.

Je ne pouvais pas le croire, je ne pouvais pas l'admettre. Pour moi, ce n'était pas lui, ce n'était pas possible. Tout s'est écroulé.

*

Jonathann est parti en prison le 28 janvier 2018. On ne l'a pas vu, ni mon mari ni moi. Pour travailler, Florent devait passer par Gray-la-Ville. Il m'a téléphoné tout de suite ce jour-là car il a été bloqué, la route était barrée des deux côtés, à l'entrée et à la sortie du village. Il y avait des gendarmes partout. Comme si mon fils était dangereux. J'ai accouru. Ils ne m'ont jamais laissée passer, plonger mes yeux dans ceux de mon fils avant qu'il soit incarcéré. Je voulais le voir, lui dire bonjour. Cela m'a été interdit. Il était à quelques mètres, dans son garage avec un gendarme.

*

Je n'ai jamais eu de doutes sur mon soutien à Jonathann. Ça ne signifie évidemment pas que je cautionne son acte, mais je suis sa maman et il reste mon fils, point, c'est aussi simple que ça. Ce serait le cas pour n'importe lequel de mes enfants ; quoi qu'il ait fait, même quelque chose de grave, je serai toujours là pour lui. Tant que je tiendrai debout. C'est un pacte silencieux qui s'élabore au tout départ, alors que l'enfant grandit dans notre ventre. Le protéger coûte que coûte.

*

À un moment de l'instruction, Jonathann a élaboré une version comme quoi ce n'était pas lui. Il accusait sa belle-famille, notamment son beau-frère, Grégory Gay. Je pense qu'inconsciemment, il n'a pas voulu me décevoir. Je lui répétais tout le temps : « Ça ne peut pas être toi, tu n'es pas comme ça. » Comment imaginer? Jonathann vivait dans le déni, il ne voulait pas me faire de mal, je ne voulais tellement pas croire que le meurtrier, c'était lui.

Je n'ai pas assisté à la reconstitution le 17 juin 2019. Je n'avais pas le droit d'y aller, mais je ne comptais pas y être. C'était la place de la famille de la victime. Je suis allée dormir chez ma fille Stéphanie, rue de Sonjour, en face de la maison de Jonathann et Alexia. On avait dit à Jonathann que j'étais là. Comme ça, il ressentait ma présence. C'est important, et c'est le maximum que je pouvais faire pour le soutenir, être avec lui.

VI.
La prison

La prison, c'est notre nouveau quotidien familial. Elle a pris une place importante dans notre vie. Elle qu'on ignorait, elle désormais lieu de nos rencontres avec Jonathann.

À son incarcération, le 28 janvier 2018, ça a tout de suite été pour nous une évidence. Il fallait qu'on aille le voir au parloir. Quel genre de mère je serais si j'abandonnais mon fils à un moment tel ? Quoi qu'il ait fait, il a besoin de mon soutien. Je condamne bien sûr son acte, j'ai de la peine pour Alexia et sa famille, mais Jonathann reste mon fils, celui que j'aime et que j'ai élevé, celui qui a toujours été très gentil avec moi.

Pour mon mari, Florent, c'est pareil. Donc, dès que notre permis de visite a été accordé par la juge – ça mis plusieurs mois, entre le 29 janvier et mi-avril 2018, on a commencé à trouver le temps long, très long –, nous sommes allés voir Jonathann au parloir à la maison d'arrêt de Dijon où il était en détention provisoire, dans l'attente de son procès.

Dans la prison, il a fallu qu'ils s'organisent pour un dispositif spécial, afin que ses parloirs ne soient pas en même temps que les autres. Mon fils n'est pas dangereux, mais c'était le détenu le plus médiatisé de l'établissement…

La première fois qu'on l'a vu après tout ça, on a eu peur. C'était un squelette. Heureusement que son avocate, nous avait prévenus. « N'ayez pas peur, Jonathann a perdu beaucoup de poids », nous avait-elle dit. Mais on a beau le savoir, être un minimum préparé, pour une maman, c'est un choc : il ne pesait plus que 30 kg ! Sûrement le contre-coup de se retrouver enfermé. Aujourd'hui, ça va mieux. Il n'a même jamais été si musclé ; il fait beaucoup de musculation en prison, sur des machines dans la salle de sport, comme beaucoup de détenus. Il n'y a pas grand-chose d'autre à faire.

À à la fin du parloir, on nous a demandé si on allait revenir. Pour moi, c'était une évidence. Quoi qu'il ait fait, on sera toujours là pour lui. On ne met pas un enfant au monde pour le laisser tomber. Cette question, on ne se l'est jamais posée.

Avant d'entrer au parloir, les surveillants nous ont mis en condition, Florent et moi : « On vous prévient, Jonathann n'est pas celui que vous avez connu quand il est parti en prison. » Ils nous ont donné un mouchoir, un verre d'eau. On a eu l'impression d'entrer dans une arène. Mais finalement, heureusement qu'on a été prévenus, le choc aurait été encore plus fort.

Quand Jonathann était en détention provisoire à Dijon, Florent et moi allions lui rendre visite toutes les semaines, plusieurs fois. En un mois, alors que nous y allions tous les mardis et jeudis, Jonathann a repris, petit à petit, forme humaine.

Avant, il n'avait pas faim. Il nous a dit que les premiers mois, il a pensé qu'on n'allait plus jamais venir le voir. Pour lui, on l'avait laissé tomber. Sans jamais prononcer le mot, il nous a fait comprendre qu'il s'était laissé mourir.

On entre dans ce nouveau monde de la prison, à Dijon, où, Covid oblige, Florent et moi sommes séparés de Jonathann par une vitre de plexiglas. Enfin, on a vite la bonne surprise de constater, dans notre malheur, que le personnel de Dijon est très protecteur envers Jonathann. Les surveillants pénitentiaires nous expliquent qu'il est à l'isolement pour sa sécurité. Au vu de l'extrême médiatisation de l'affaire, ils avaient vraiment très peur que quelqu'un s'en prenne à lui.

C'est étrange à dire mais la prison, là-bas, c'est une ambiance un peu familiale. On a fini par connaître les surveillants, qui nous répétaient : « Jonathann n'a pas sa place ici. » Pas par rapport à son acte, mais parce qu'il n'a pas le profil d'un criminel, même pas d'un délinquant. Son casier judiciaire était, avant le drame, totalement vierge.

Les surveillants étaient par exemple très étonnés de la propreté de la cellule de Jonathann ; ils disaient que c'était « la cellule de Barbie ». Un surveillant l'a même dit au procès. C'était « leur » Jonathann, on sentait qu'ils le protégeaient. Déjà, je trouvais très délicat de leur part qu'ils trient son courrier ; ils ne lui remettaient que le « bon », les lettres de soutien. Le « mauvais », celles qui contenaient menaces ou insultes, était mis de côté. À ce qu'ils nous disaient, c'était 50-50. On reçoit encore des courriers pour Jonathann, à la prison d'Ensisheim où il se trouve actuellement, ou chez nous. Des courriers de soutien. Dans notre malheur, on a vécu de bons moments en prison, on a fait de belles rencontres. Je ne pensais jamais dire ça un jour mais là aussi, il y a du positif.

Au début, pendant le temps du parloir, on a beaucoup pleuré tous les trois. Pendant les quarante-cinq minutes où nous pouvions être près de lui, on n'a pas vraiment parlé. Que dire ? On n'avait pas les mots. Soit on parlait d'autre chose et c'était dérisoire, soit on parlait de « ça » et on n'y arrivait pas.

On lui apportait des habits, il n'avait rien pour se changer, et des livres – beaucoup de livres de cuisine. Avec Alexia, ils faisaient la cuisine tous les deux, ensemble. Elle ne travaillait pas le lundi, alors elle préparait des petits plats pour la semaine. C'était toujours la même chose, elle ne voulait pas grossir. Alors, en cachette, Jonathann venait manger chez moi, ou chez sa sœur Stéphanie qui habitait en face de chez lui. Alexia contrôlait beaucoup son poids à elle, et aussi celui de Jonathann. Il a gardé l'habitude de cette distorsion entre ce qu'il est et sa perception. Il nous demande souvent s'il mange trop ou pas assez, comme s'il avait perdu cette notion lui-même. À présent, il mitonne des petits plats, autant que faire se peut, dans sa cellule. Pour Alexia, Jonathann était toujours trop gros, ou trop maigre ; ça n'allait jamais.

Petit à petit, au fur et à mesure que les visites régulières donnaient à la situation une apparence de normalité, nous avons réussi à parler. De tout et de rien, comme si on était dehors, en faisant abstraction du cadre. Jonathann était très préoccupé par ses frères et sœurs, il demandait sans cesse des nouvelles. Il voulait savoir ce qu'il se passait dans les moindres détails, chez nous et dehors, il me demandait qui m'avait parlé, de quoi, qui avais-je eu au téléphone. Peut-être pour vivre une vie normale par procuration ?

*

La fin de peine, la sortie ? Pour Jonathann, c'est trop tôt, il ne se projette pas. Avant le procès, ses avocats étaient étonnés parce qu'il n'a jamais cherché à savoir combien de temps il risquait de passer en prison. Pour lui, ça importait peu. Sa vie était finie, en quelque sorte. Jamais il n'a songé à faire appel après le prononcé de la peine. Il a toujours pensé qu'il méritait ça par rapport à ce qu'il a fait à Alexia et à sa famille. Moi, je lui en ai parlé. De sa vie future, sa deuxième vie, quand il serait dehors. Il faudra avoir moins de secrets, essayer de parler davantage, comme le lui dit sa psychologue en prison. Lui, à chaque fois, il coupe court, il me dit : « Tu sais, maman, je n'en suis pas encore là. J'ai encore plein d'années à passer ici. » Je crois que, d'une certaine manière, ça l'effraie. Les remises de peine, il ne veut même pas en entendre parler. Il pourrait, pourtant, y être accessible au vu de son bon comportement en détention et aussi, il n'a pas été condamné à une peine de sûreté.

Jonathann était au tribunal sans être au procès. Il pensait dire ce qu'il avait à dire, rapidement, puis avoir sa peine. Là, j'ai calculé : il a encore au moins onze ans à faire, huit au minimum. Aussi insupportable que ça doive être pour les proches d'Alexia, Jonathann aura une vie d'après. Mais plus jamais il ne sera vraiment heureux. Il a perdu l'innocence au fond de ses yeux. Évidemment, je ne compare en rien avec la souffrance des parents d'Alexia, qui ne la verront plus jamais. Mais pour une maman, c'est très difficile aussi de voir cette ombre dans les yeux de son fils, cette ombre indélébile.

*

Après le procès, il a été transféré au centre pénitentiaire de Réau, en Seine-et-Marne. Puis il a été placé à Ensisheim, dans le Bas-Rhin, où il est encore aujourd'hui. Cette maison centrale, décrite comme vétuste, abrite des détenus condamnés à de longues peines, dont plusieurs tueurs en série. Nordahl Lelandais y est depuis peu, d'ailleurs. Drôle d'ambiance pour Jonathann.

Nous y allons un week-end sur deux, deux heures à chaque fois. Je travaille un week-end sur deux en tant qu'assistante maternelle. Je vais bientôt m'arrêter, d'ici un an ou deux je dirais, même si j'adore les enfants. Mais j'ai 66 ans, je suis fatiguée. Quand on va voir Jonathann, on a deux parloirs de deux heures chacun ; un le samedi après-midi, un le dimanche matin.

J'ai vu des choses qui ne sont pas de mon monde, pas de ce que je connais. Moi, je ne pourrais jamais faire passer un téléphone de manière illicite, par exemple. J'aurais l'impression que c'est écrit sur ma tête et je me dénoncerais au surveillant ! À la maison d'arrêt de Dijon, une dame est passée avec un hamburger dans sa culotte ! Elle s'est fait prendre parce que ça sentait fort les oignons. Moi, la seule chose que j'ai fait entrer – on n'a pas le droit, mais je le dis quand même, par honnêteté – c'est une pastille Vichy : Jonathann adore ça et, bien sûr, il n'y en a pas en prison ! J'espère que ça ne lui causera pas de problèmes que je le dise, mais c'était ponctuel. Il était vraiment content. Dans ces moments-là, il a sa bouille d'enfant.

À Ensisheim, ses co-détenus sont des « célébrités » : Patrice Alègre, Guy Georges… Il paraît que Guy Georges est très sympa. Vous vous rendez compte ? Jamais je n'aurais pensé dire un jour cette phrase. Mais au vu de ce qu'il s'est passé, je n'ai plus les mêmes frontières, je vois l'homme d'une part, et l'acte d'autre part. J'imagine que les personnes qui travaillent en détention font de même, sinon, c'est trop difficile. Jonathann a aussi croisé Francis Heaulme dans un couloir alors qu'il se rendait au service médical. Il m'a dit que c'était un petit papi tout calme, voûté.

Au parloir avec Jonathann, on parle de tout et de rien. Il veut savoir, surtout, comment ça se passe dehors, pour ne pas perdre le lien peut-être. Avec Florent et moi, il parle beaucoup. Il ne fait pas son timide avec nous. Il est si différent de l'image que la France entière connaît ! Certes, tout le monde a une image sociale et ce qu'il est vraiment, mais avec lui, c'est différent. Le fossé entre les deux est énorme.

Il y a eu, dans son comportement, un avant et un après procès. Une fois son procès fini, son tempérament était meilleur, il s'est libéré. Ce qu'il voulait était de dire ce qu'il avait fait, et connaître la peine à laquelle il serait condamné, c'est tout.

Dans sa cellule, je sais qu'il regarde la télévision ; enfin, il ne regarde pas, il zappe, me dit-il. Il aime la Formule 1, la moto, le foot… Il a Canal + mais on ne s'intéresse pas aux mêmes films.

Je sais aussi qu'il a voté à la présidentielle et aux législatives, il m'a fait une procuration. Il a toujours voté à l'extérieur.

En prison, Jonathann travaille. Il fait des bobines de rouleau électrique, des rallonges. Il gagne environ 600 euros par mois. Il travaille de 7 h à 11 h 30 et de 13 h 30 à 16 h 30, sur une chaîne. Bon, ce n'est pas très intéressant, mais il a un boulot, il est content. Ça l'occupe toute la journée. Une partie est retenue directement pour indemniser les parties civiles, une autre pour préparer sa sortie à lui, et il en reste un peu pour sa cantine, la vente par correspondance gérée par l'administration pénitentiaire, pour proposer aux détenus des aliments et effets supplémentaires par rapport à ce qui est fourni en prison.

Jonathann doit verser 160 000 euros de dommages et intérêts à la famille Fouillot, la cour d'appel de Besançon l'a confirmé le 10 juin 2022. Dans le détail, il est condamné à verser 130 000 euros à Jean-Pierre et Isabelle Fouillot, les parents d'Alexia, loin des 350 000 euros qu'ils réclamaient initialement. La sœur d'Alexia, Stéphanie Gay, son époux et leur fils seront respectivement indemnisés à hauteur de 18 000 euros, 8 000 euros et 3 000 euros.

En tout, les membres de la famille d'Alexia demandaient à l'origine 800 000 euros, mais la justice avait débouté la dizaine d'oncles et de tantes qui n'avaient pas démontré de « lien d'affection » avec leur nièce. Certains ne l'avaient jamais rencontrée !

*

Depuis qu'il est incarcéré, c'est comme si le temps s'était arrêté. Je suis restée sur l'âge qu'il avait quand il est parti. Quand tout a changé. Lorsqu'on me demande son âge maintenant, il faut que je calcule. Je sais qu'il aura 46 ans quand il sortira, si tout se passe bien. Il aura passé sa jeunesse derrière les barreaux. C'est normal, bien sûr, mais c'est dur de se dire ça pour une maman. Pour le moment, ni lui, ni moi, ne nous projetons. C'est loin. Parfois, j'espère juste que les gens l'auront oublié un peu.

De mon côté je suis assignée à résidence jusqu'en 2030. Tant qu'il reste en prison, je ne peux pas m'en aller. Je ne peux pas le quitter ; je ne peux pas partir à l'étranger, je ne peux pas partir tout court. Je dois être là pour lui. C'est ma croix.

Quand j'aurai arrêté de travailler, j'irai me promener, si ma santé me le permet. Mais je ne ferai pas de grands voyages. Il faut que je puisse voir Jonathann au moins tous les quinze jours.

VII.
Les lettres de soutien et le pilori médiatique

Notre histoire est devenue un feuilleton réel. Sur les chaînes d'info en continu, dans les journaux… C'est un drôle de sentiment, une drôle d'impression de voir tout étalé, comme ça, au grand jour. Et les gens qui commentaient en direct. Comme si on ne s'appartenait plus. Il y avait ça à gérer en plus de la tragédie.

Récemment, le téléfilm de TF1, une fiction diffusée le 12 septembre 2022[3], a encore remué le couteau dans la plaie. Il faut savoir que toute diffusion comme celle-ci porte préjudice à Jonathann en prison. Par exemple, là, il avait peur que ça l'empêche de travailler au mess, la cantine où déjeunent les surveillants. Comme une piqûre de notoriété, dont on se serait bien passé. J'ai dit publiquement que j'aurais préféré que le

3. *Le Mystère Daval* (2022), téléfilm diffusé sur TF1 et librement inspiré de l'affaire.

projet ne se fasse pas[4]. Mais ça ne sert à rien, notre affaire est tombée dans le domaine public, dans la « pop culture », m'a dit un journaliste ! Et à titre personnel, moi qui ai vécu l'affaire de l'intérieur, je trouve que ça ne s'est pas du tout passé comme ça ! Quelque chose sonne faux. Et on dirait que les gendarmes sont des superhéros.

Je suis devenue un personnage, joué par l'actrice Marie Berto. D'habitude, j'aime bien Michèle Bernier, mais là, pour une fois, je trouve qu'elle ne joue pas bien. Et elle ne ressemble pas du tout à Isabelle Fouillot ! Gaumont a aussi acheté les droits du livre des parents d'Alexia, ils veulent en faire une série. Comme je l'ai dit à *L'Est Républicain*, il faut laisser les gens tranquilles, et les morts aussi.

Mi-septembre 2022, un buzz a encore éclaté à propos de mon fils. Un journaliste de BFM-TV, Dominique Rizet, a affirmé que Jonathann avait une relation amoureuse avec… un co-détenu. Vous m'en direz tant ! C'est complètement faux, évidemment. À son étage, il y en a bien un qui a voulu le suivre à la douche, mais ça s'arrête là.

4. *L'Est Républicain*, « Mon fils n'est pas une bête de foire », 10 novembre 2021.

D'ailleurs, je tiens à remercier Dominique Rizet pour son appel téléphonique début octobre. Il s'est excusé envers moi, envers Jonathann aussi, d'avoir soi-disant dévoilé sa vie privée. J'aurais préféré qu'il s'excuse publiquement, sur BFM-TV, mais j'apprécie son geste quand même. Je me suis aperçue que c'était quelqu'un de bien malgré tout.

Moi, je suis assistante maternelle. Lorsqu'on a su que c'était Jonathann, j'ai très vite dit à ma patronne que si elle voulait se séparer de moi, si elle ne voulait plus me confier son fils, je comprendrais. Sa réponse m'a beaucoup surprise, tout en me faisant chaud au cœur : « Jonathann, on l'a connu écolier. Jonathann reste Jonathann. » Ma deuxième patronne, elle, m'a dit spontanément : « Je suis obligée de vous préciser quelque chose : je m'en fous, je ne regarde pas la télé. » Et la troisième, elle, elle est carrément allée à l'école avec Jonathann. Elle sait ce qu'il a fait, mais elle le voit avant tout comme son ancien camarade de classe. Étonnant, non ? Moi, ça m'a vraiment rassurée sur la nature humaine.

*

Un oncle d'Alexia, accompagné de son fils, est venu un jour crier sous mes fenêtres : « Assassin ! » En pleine journée. Ça m'a blessée, et ça m'a mise hors de moi. Et s'il y avait eu des enfants ce jour-là ? Que leur aurais-je dit ? J'ai aussi reçu des excréments par la Poste. J'ai déposé une plainte à la gendarmerie. Il y a eu aussi quelquefois des sortes de pèlerinages, des jeunes filles qui se prennent en photo devant la maison où vivaient Jonathann et Alexia. Ma fille habite en face et elle ne travaille pas. Elle les voit. C'est idiot, mais ce n'est pas méchant.

À l'été 2021, nous étions à la plage, dans le Sud où nous avons l'habitude de passer nos vacances avec Florent. Mon mari est sorti de l'eau, moi je suis restée pour profiter encore un petit peu. Il y avait un autre couple, je crois qu'ils parlaient de la température de l'eau. Ils disaient que c'était plus chaud là où ils s'étaient baignés la veille. J'entame la conversation, j'aime bien discuter avec les gens. Je rebondis sur l'eau, que je trouvais très bonne. Bref, le monsieur me dit que j'ai un accent qu'il connaît bien, il me demande d'où je suis. Je réponds que je suis de Haute-Saône, il me demande de préciser, il dit qu'il connaît bien le coin. Je prononce le mot « Gray » et là, il démarre au quart de tour. Il me demande si je connais « l'histoire de Gray ». Je réponds par la négative, au début, je ne vois pas où il veut en venir. Mais je remarque sa femme qui a l'air de se hâter de sortir de l'eau. L'homme continue, il clame : « Mais tout le monde sait ça ! » Et il me parle de Jonathann, dit que « c'est très grave ce qu'il a fait. »

Moi, je réponds juste : « Vous savez, quand la porte est fermée, on ne sait pas ce qu'il se passe derrière. » À ce moment-là, je ne sais pas quoi répondre, alors je m'en sors par une phrase qu'on entend d'habitude. Je suis tellement désarçonnée qu'on me cueille, là, à la plage, avec cette histoire !

Avec sa femme, ils sont sortis de l'eau. Précipitamment. Je pense qu'ils m'ont reconnue.

Moi, j'ai continué ma petite nage.

Aujourd'hui, plus rien ne me perturbe vraiment. Les choses glissent, comme les gouttes entre mes doigts alors que je fais mes mouvements de brasse. Je vis autrement, beaucoup de choses me passent au-dessus de la tête. À côté de la tragédie que nous avons tous vécue, rien n'est plus rien.

Mais mis à part ces épisodes isolés, dans l'ensemble, je n'ai pas été embêtée par les gens. Alors que je ne me suis pas cachée, je suis restée au même endroit, à mener ma vie. Où irais-je ? Ma place est ici.

*

J'ai reçu une cinquantaine de lettres de soutien, aussi étonnant que cela puisse paraître, depuis que Jonathann a avoué. Et j'en reçois encore, Randall et Ornella me transmettent celles qui arrivent à leur cabinet. Je les garde pour quand Jonathann sortira de prison. Ça lui fera un pont avec le monde extérieur. Il verra que certaines personnes éprouvent quand même de l'empathie à son égard, à mon égard.

En voici des extraits. Une certaine Aurélie

déclare : « Tu es touchant Jonathann, en tout cas moi, tu m'as touchée. » Elle dit de moi que je suis « une femme discrète », de Jonathann qu'il est « un petit oiseau fragile ». Une autre femme me dit : « Vous êtes une maman très courageuse. » Non, j'estime que je suis une maman normale. Que feraient les autres si elles apprenaient que leur fils avait commis un crime ? Elles le laisseraient seul et abandonné, alors que c'est précisément le moment où il aurait besoin de soutien ? J'aimerais bien que chacun se mette à ma place. Qu'auriez-vous fait ?

Beaucoup de lettres sont écrites par des mamans. « Je suis comme vous, une maman, et sais votre douleur », écrit une femme. Une autre, qui se décrit comme « mamie retraitée », me « comprend parfaitement ». Elle pose : « Jonathann a beaucoup de chance d'avoir une maman comme vous, prête à lui accorder un soutien et un amour inconditionnels. » L'ancienne institutrice qui a eu successivement tous mes enfants, sauf Jonathann et Emeric, m'a écrit : « Le palmier se courbe mais tient le coup, comme vous. » J'aime bien cette image.

Postface

Par Me Randall Schwerdorffer

Assister Jonathann Daval avec Maître Ornella Spatafora a été l'une des expériences les plus signifiantes de notre vie professionnelle. Celui que la France entière a ostracisé, celui dont la plupart des journalistes nous disaient durant toute l'instruction criminelle qu'il allait prendre perpétuité. Le monstre.

Derrière les apparences et malgré toutes les difficultés qu'a posées la gestion de cette affaire criminelle devenue hors norme, nous avons rencontré l'accusé, le détenu, mais aussi l'homme.

Dans une société devenue trop manichéenne, sa défense a été difficile. Les attaques ont été nombreuses et diverses. Oser appeler Jonathann « le garçon », oser dire qu'au-delà de son geste, il n'était pas que le passage à l'acte criminel mais aussi un homme qui avait souffert et qui souffrait encore de la conséquence de ses actes était compliqué. Oser dire qu'Alexia était intervenue dans le processus criminel, conspué, au point même qu'une secrétaire d'État, Marlène Schiappa, dans le mépris le plus complet de la règle de la séparation des pouvoirs, s'était indignée de ce qui ne la regardait pas : la défense de Jonathann Daval.

Derrière l'homme que nous défendions, nous avons rencontré sa mère, Martine, et son beau-père, Monsieur Henry. Même si nous avons toujours été professionnels, on ne peut s'empêcher d'avoir des sentiments. Nous avons rencontré une femme aussi désespérée que forte. Une mère qui a été présente dans tous les instants de cette affaire. Une femme que nous respectons profondément. Nous l'avons vue espérer que Jonathann soit innocent. Nous l'avons vue s'effondrer après la confrontation avec Isabelle Fouillot, à l'occasion de laquelle Jonathann a reconnu sa culpabilité après avoir accusé Gregory Gay. Mais à chaque étape, elle a toujours été là pour lui.

La place d'une mère, la place de la famille d'un meurtrier n'existe pas dans notre société. Il y a les victimes qui sont reconnues parties au procès, et l'accusé. La famille de l'accusé n'intervient que comme témoin. La place de la mère d'un meurtrier est une place difficile. Elle n'a rien fait, rien à se reprocher, tous ses enfants sont dans le droit chemin, seul Jonathann a été confronté à la justice, mais pourtant, elle est perçue, elle aussi, comme un coupable. Certains ne se sont pas privés de la critiquer, elle a été rudoyée au procès par l'une des avocates des parties civiles, comme si, avec elle, on avait tous les droits. Après tout, ce n'est rien d'autre que la mère du meurtrier.

Alors, parce qu'elle est la mère du meurtrier, elle n'aurait pas, elle aussi, comme la famille de la victime, le droit de souffrir ? Nous l'avons sentie, sa souffrance. Celle d'une mère que rien ne préparait à basculer dans le monde des affaires criminelles. Exposée à la presse, essayant de s'en préserver pour préserver sa famille. L'incompréhension, l'obligation d'accepter le pire de celui dont on n'avait jamais douté, Jonathann.

Elle le connaît, son fils ; elle est peut-être la seule à réellement le connaître. Elle connaît ses faiblesses, ses forces, ses défauts, mais aussi ses qualités humaines. C'est son enfant. Nous l'avons toujours vue sans concession vis-à-vis de son geste, mais aussi avec la compassion d'une mère qui est à côté de son fils face à l'épreuve. L'épreuve de la prison, l'épreuve du procès, l'épreuve des regrets, des remords, du regard des autres.

Un acte criminel tel que celui qu'a commis Jonathann irradie une souffrance terrible, au-delà de lui, sur toutes les personnes de son entourage et de celui de la victime. La mère de Jonathann est aussi une victime de cette affaire, mais elle ne s'est jamais comportée en tant que telle. Faire face a été son choix. Rester la mère de Jonathann, quoi qu'il arrive, a été son choix. Rester digne dans les pires moments a été son choix. Ce livre, c'est son histoire. L'histoire de la mère d'un enfant qu'elle a élevé, vu grandir, avancer et réussir puis tout détruire, sauf l'amour de sa mère. C'est cette histoire qui, au-delà de Martine, est l'histoire de beaucoup d'autres mères qui sont confrontées à cette situation.

Au-delà de la chose criminelle et au-delà de Martine, ce livre, c'est avant tout l'histoire de celles dont on ne parle jamais. C'est chose faite.

Remerciements

À Plana Radenovic, parce qu'elle m'a aidée à accoucher de ce livre qui était en moi.

Mes Randall Schwerdorffer et Ornella Spatafora, qui étaient à mes côtés, aux côtés de Jonathann, de Florent et de toute ma famille, qui nous ont soutenus dans cette épreuve.

Merci aux journalistes Willy Graff et Christophe Dubois, pour leur écoute et leur professionnalisme.

LA COLLECTION

Les faits divers interrogent nos choix et notre perception de la vie. Créée et dirigée par Plana Radenovic, la collection *Polars réels* a pour ambition de donner la parole aux acteurs des affaires judiciaires – avocats, magistrats, victimes, mis en cause, enquêteurs, experts – et, plus largement, à tous ceux capables de raconter un dossier d'instruction comme un polar réel.

Table

Composition et mise en page : Thomas Ragage

Achevé d'imprimer par Corlet
14110 Condé-en-Normandie
Dépôt légal : novembre 2022
N° d'édition : 00206
N° d'impression : 22110504